BEI GRIN MACHT SICH IHR WISSEN BEZAHLT

- Wir veröffentlichen Ihre Hausarbeit,
  Bachelor- und Masterarbeit

- Ihr eigenes eBook und Buch -
  weltweit in allen wichtigen Shops

- Verdienen Sie an jedem Verkauf

Jetzt bei www.GRIN.com hochladen
und kostenlos publizieren

GRIN ☺

Schulische Inklusion bei Kindern mit sonderpädagogischem Förderbedarf. Auswirkungen auf die Lernbereitschaft und die Inklusion in anderen Lebensbereichen

Forschungsdesign für qualitative Forschungsmethoden

Kelly Bieck

Bibliografische Information der Deutschen Nationalbibliothek:

Die Deutsche Nationalbibliothek verzeichnet diese Publikation in der Deutschen Nationalbibliografie; detaillierte bibliografische Daten sind im Internet über http://dnb.d-nb.de abrufbar.

ISBN: 9783346574466
Dieses Buch ist auch als E-Book erhältlich.

© GRIN Publishing GmbH
Nymphenburger Straße 86
80636 München

Druck und Bindung: Books on Demand GmbH, Norderstedt Germany
Gedruckt auf säurefreiem Papier aus verantwortungsvollen Quellen

Das vorliegende Werk wurde sorgfältig erarbeitet. Dennoch übernehmen Autoren und Verlag für die Richtigkeit von Angaben, Hinweisen, Links und Ratschlägen sowie eventuelle Druckfehler keine Haftung.

Das Buch bei GRIN: https://www.grin.com/document/1161408

Fernstudium B.A. Soziale Arbeit

Qualitative Forschungsmethoden

Forschungsdesign zur Studie 1
„Schulische Inklusion in Beispielshausen"

„Wie reflektieren Eltern von Kindern mit sonderpädagogischem Förderbedarf nach Ende der Schullaufbahn ihre Entscheidung, sich gegen inklusive Beschulung entschieden zu haben?"

Kelly Bieck
Eingereicht am 21.03.2021

5. Fachsemester

I Inhaltsverzeichnis

1. Einleitung

Im Fallbeispiel „Schulische Inklusion in Beispielshausen" wird ein heterogenes Bild der Wahrnehmung und Akzeptanz der schulischen Inklusion in Deutschland dargestellt. Auch die Verteilung der Beschulung von Schülern mit sonderpädagogischem Förderbedarf in Deutschland, sowie die Auffassungen der Eltern, scheint ungleich verteilt.

In manchen Bundesländern (Bayern oder Hessen) werden trotz der 2009 in Kraft getretenen UN-Behindertenrechtskonvention noch rund drei Viertel der betroffenen Schüler in Förderschulen beschult. Im Vergleich dazu sind es nur rund ein Drittel in anderen Bundesländern (Schleswig-Holstein oder Bremen). (Statista 2018)

In dieser Fallstudie soll das Forschungsdesign zu folgender Forschungsfrage konstruiert werden: „Wie reflektieren Eltern von Kindern mit sonderpädagogischem Förderbedarf nach Ende der Schullaufbahn ihre Entscheidung, sich gegen inklusive Beschulung entschieden zu haben?"

Dabei soll herausgearbeitet werden, warum die Entscheidung für ein Förderzentrum getroffen wurde und wie die Entscheidung sich auf die Lernbereitschaft und die Inklusion in anderen Lebensbereichen ausgewirkt hat.

2. Methodologische Positionierung

Zu Beginn jeder wissenschaftlichen Untersuchung muss die Entscheidung getroffen werden, ob eine qualitative oder quantitative Untersuchung eher geeignet ist das Thema zu untersuchen.

2.1 Quantitative Forschungsmethoden

Die quantitative Sozialforschung zeichnet sich durch die Sammlung von Daten aus. Hierbei kann man zwischen deskriptiver (beschreibender) und schließender Statistik unterscheiden. Die quantitative Forschung hat in vielen Bereichen ihre Berechtigung und sollte besonders dann herangezogen werden, wenn größere Stichproben verifiziert werden sollen. In diesem Fall ist sie der qualitativen Forschung vorzuziehen und sollte besonders dann herangezogen werden, wenn größere Stichproben verifiziert werden sollen.

Weiß man bereits genau, oder setzt zumindest berechtigt voraus, dass es einen für den Forscher und alle untersuchten Objekte gleichen Bedeutungsrahmen, eine geteilte und zumindest grundlegend ähnlich beurteilte Realität gibt, dann ist die quantitative Forschung das Mittel der Wahl. (vgl. Gerke 2011)

Die quantitative Forschung folgt häufig auf die qualitative Forschung. Dabei wird vorausgesetzt, dass die in die Tiefe gegangene qualitative Forschung durch eine quantitative Untersuchung induktiv auf größere Gruppen anwendbar gemacht werden können. (vgl. Ebermann 2018)

In dieser Fallstudie geht es jedoch um Erfahrungswerte, Empfindungen und höchstpersönliche Reflexionen über eine Entscheidung, die das subjektive Erleben darstellen. Aufgrund dessen wird in dieser Ausarbeitung mit der qualitativen Forschung gearbeitet.

Eine quantitative Forschung zu dem Thema würde sich dann anbieten, wenn sich aus den Resultaten der Fallstudie heraus eine Hypothese für quantitative Untersuchung als wissenschaftlich relevant herausstellt. Möglicherweise im Vergleich zu den Ergebnissen, wie Eltern dieselben Fragen beantworten, die sich für inklusive Beschulung entschieden, haben.

2.2 Qualitative Forschungsmethoden

In der Qualitativen Forschung steht die Interpretation und das Verstehen der gewonnenen Erkenntnisse im Vordergrund.

Hier werden Sinn und subjektive Sichtweisen konstruierbar. Der Mensch dient sowohl als Untersuchungsobjekt als auch als erkennendes Subjekt (vgl. Lamnek, 2010)

Um der Forschungsfrage nachgehen zu können ist es dienlich, wenn die befragten Personen in der Lage sind, ihre Entscheidungen kritisch zu hinterfragen und zu reflektieren, wie es von Lamnek beschrieben wird.

Da die qualitativen Forschungsmethoden auch den Anspruch haben möglichst nah an die Lebenssituationen der befragten Personen heranzukommen und den Befragten möglichst viel Raum anbietet, um ihre eigene Deutung zu entfalten (vgl. Helfferich, 2004) ist diese methodologische Positionierung eine Konsequenz aus der Frage nach einer persönlichen Reflexion.

Eine der Säulen der qualitativen Forschung nach Mayring (vgl. 2016) ist die Einzellfallbezogenheit. Diese ist in dieser Fallstudie gegeben, da es sich um eine Gruppe von Eltern handelt, die dieselbe Entscheidung für ihre Kinder getroffen haben.

Die vorgestellte Forschungsfrage lässt aufgrund der unterschiedlichen sichtbaren und unsichtbaren Faktoren, die bewertet werden sollen, um eine Reflexion über die getroffene Schulwahl zu gewährleisten, nur eine qualitative Forschungsmethode zu.

Die Fallstudie in diesem Forschungsdesign hat keinen Anspruch auf Repräsentativität, bietet sich mit den Ergebnissen aber im besten Fall zu einem wissenschaftlichen Diskurs über das Wahlrecht zwischen inklusiver Beschulung und Förderzentren und weiteren Untersuchungen zu dem Thema an.

2.3 Gütekriterien

Die sechs Gütekriterien nach Mayring (2016, S.144-148) dienen als Orientierung im Forschungsdesign.

a) Verfahrensdokumentation

Hier ist es besonders wichtig die Ergebnisse und den Weg präzise und detailliert zu dokumentieren.

b) Argumentative Interpretationsabsicherung

Die Interpretationen sind immer auch von den Personen gefärbt, die diese interpretieren. Sie müssen mit Hilfe von schlüssigen Argumentationen auch von einem anderen Forschenden nachvollziehbar sein.

c) Regelgeleitetheit

Um ein systematisches Auswerten trotz der Offenheit zu gewährleisten, müssen insbesondere die Erhebungs- und Auswertemethoden regelgeleitet angewandt werden.

d) Nähe zum Gegenstand

Um in die Alltagsrealität der beforschten Personen einzutauchen, t es notwendig sich an Gegebenheiten, Sprache und Umgangsformen so anzupassen, dass sich eine Befragungssituation ergibt, in der sich der Befragte wohl fühlt.

e) Kommunikative Validierung

Der Befragte sollte die Möglichkeit bekommen, die Ergebnisse zu sehen, um einschätzen zu können, ob diese Nachvollziehbar sind. Die Gefahr von Fehlinterpretationen der Aussagen, die zwischen den Zeilen oder mit Vorurteilen lesbar sind, wird dadurch minimiert.

f) Triangulation

Ergebnisse zu einer Forschungsfrage durch verschiedene Herangehensweisen zu erzeugen kann zu aussagekräftigen Ergebnissen führen und zur kritischen Betrachtung der einzelnen Herangehensweisen. Die Qualität der Ergebnisse wird dadurch erhöht.

3. Exkurs

Als Pflegemutter von 3 Jungen mit sonderpädagogischem Förderbedarf muss die Forschende besonders auf die Offenheit der Untersuchung achten. Entscheiden Eltern sich nach der Feststellung des sonderpädagogischen Förderbedarfs für eine Förderschule, müssen sie in Schleswig-Holstein unterschreiben, dass sie sich ausdrücklich gegen eine inklusive Beschulung entschieden haben. Der politische Wille zur Inklusion wird da sehr deutlich, es wird impliziert, dass man sich nicht für die Förderschule, sondern gegen Inklusion entscheidet.

Das eigene Empfinden, dass man sich als Eltern von Kindern in einem Förderzentrum in der Gesellschaft rechtfertigen muss, weil man sich bewusst gegen Inklusion entschieden hat, darf bei der

4

Erstellung der Fragebögen und der Auswertung keine Rolle spielen. Das Gütekriterium der Offenheit muss hier besonders im Blick gehalten werden.

4. Grundlagentheoretische Einbettung

Die Umsetzung der UN-Behinderten Konvention im Jahr 2009 hat zu einer Welle von Studien zum Thema Inklusion geführt. Hier werden exemplarisch zwei Studien vorgestellt.

Die Konrad Adenauer Stiftung hat 2014 304 Interviews mit Eltern förderbedürftiger Kinder geführt. Mit diesen Interviews wurde untersucht welche Schulform - Regelschule oder Förderschule - bevorzugt wird.

In der Studie weisen die Ergebnisse daraufhin, dass die Schwere der Beeinträchtigung der Schüler die Wahl der Schulform beeinflusst. Bei geringer Beeinträchtigung wird oft die Regelschule bevorzugt, bei größeren Beeinträchtigungen eher die Förderschule, um Erfolgserlebnisse zu ermöglichen (vgl. Henry Huthmach, Neu 2015)

In einer zweiteiligen repräsentativen Umfrage mit 1500 Erwachsenen, die nach ihrer Einstellung zu gesellschaftlicher und Inklusion befragt wurden, sowie der Auswertung der schon bestehenden Daten des Nationalen Bildungspanels (NEPS), bei der zwischen 2009 und 2016 11.755 Schüler und Schülerinnen befragt wurden, hat das Institut für angewandte Sozialwissenschaft gemeinsam mit der Aktion Mensch und der Wochenzeitung „Die Zeit" eine Studie zum Thema Schulische Inklusion durchgeführt. Vor allem die hier gewonnen Ergebnisse zum Thema „Umsetzung schulischer Inklusion" bilden einen guten Ausgangspunkt und Orientierungshilfe bei der Entwicklung des Interview Leitfadens.

Dabei interessiert es die Untersuchenden besonders, ob die eher negativ dargestellten Ergebnisse der Studie (Hess et. al 2019) sich in der Wahrnehmung der Eltern, die sich gegen eine inklusive Beschulung entschieden haben, wiederfinden.

5. Forschungsfeld

Unter dem Begriff „Forschungsfeld" werden grundsätzlich natürliche soziale Handlungsfelder verstanden.

Dabei muss berücksichtigt werden, wie es gelingt mit dem Forschungsfeld Kontakt aufzunehmen und passende Interviewpartner zu finden.

Darüber hinaus muss sich der Untersuchende in ein fachliches und offenes Verhältnis setzen, um die Studie fachgerecht durchzuführen. (vgl. Przyborski, et al., 2014)

Bei der Eingrenzung der Stichprobe und des Forschungsgebiets zur Herausstellung des Forschungsfeldes wird in dem Forschungsdesign dieser Fallstudie darauf Bezug genommen, dass die Reflexion und Bewertung der Entscheidung, das Kind nicht inklusiv beschulen zu lassen, auch sehr von den Gegebenheiten in der Förderschule abhängig ist.

Aus diesem Grund konzentriert sich die Fallstudie hier auf das Forschungsfeld der Eltern von zwei Förderschulen für körperliche und motorische Entwicklung im städtischen Raum Schleswig-Holsteins. Die Begrenzung auf ein Bundesland ergibt sich aus der föderalen Struktur Deutschlands und der Möglichkeit, Schlüsse aus demselben Bundesland miteinander vergleichen zu können. Auch die in der Einleitung dargestellte Heterogenität der Bundesländer wird hierdurch berücksichtigt.

6. Sampling

Bei der Frage der Erhebungseinheiten, ist unbedingt zu berücksichtigen, dass man trotz des Wissens, dass die Untersuchung nicht generalisierbar ist, ein breites Spektrum bei der Erhebung abdeckt. Auswahlentscheidungen werden also nicht mit Hilfe repräsentativer Selektionsverfahren getroffen, sondern mit Blick auf den größten Mehrwert für die Theorieentwicklung (Birks und Mills, S. 11).

In dieser Fallstudie werden sechs ausgewählte Eltern der ehemaligen Förderschüler nach der Zugehörigkeit zu den zwei ausgesuchten Förderzentren für körperliche und motorische Entwicklung ausgesucht. Es wird Wert darauf gelegt, dass die Kinder der Befragten nach der Förderschule unterschiedliche Wege eingeschlagen haben.

Im Idealfall werden in beiden Gruppen Eltern von jeweils drei jungen Menschen sein, die ein großes Maß an Selbständigkeit erreicht haben und allein wohnend eine Ausbildung auf dem 1. Arbeitsmarkt nachgehen können bis hin zu jungen Menschen, die im stationären betreuten Wohnen ein Zuhause haben und in der Werkstatt für Menschen mit Behinderung arbeiten.

7. Erhebungsverfahren

Das Leitfadeninterview ist für die Informationen, die in dieser Fallstudie gesucht werden, eine geeignete Befragungsform, weil sie eine strukturierte Interviewmethode ist, die die Vergleichbarkeit der verschiedenen Interviews unterstützt. Zudem verbindet das Leitfadeninterview die nötige Offenheit und Strukturiertheit, die zur Bewertung der Befunde notwendig sind.

Die anzusprechenden Themen sind weitestgehend vorgegeben. Die genaue Reihenfolge der Fragen kann hingegen variieren. Dennoch wird durch die Auswahl der Fragen sowohl die Richtung als auch die Qualität des Interviews maßgeblich beeinflusst. Die Themen und Auswahl der Fragen werden aus der Fragestellung abgeleitet, hier muss bei der Erstellung des Leitfadens auf die Offenheit Rücksicht genommen werden. (vgl. Loosen, W. S. 139 ff)

6

7.1 Leitfadeninteview

Die Interviews werden ohne Coronabeschränkungen an einem ruhigen Ort und in freundlicher Atmosphäre geführt. Denn die Interviewpartner müssen sich sicher und in einer vertrauensvollen Umgebung wohl fühlen, um sich öffnen zu können.

Das Gespräch beginnt mit einem kurzen allgemeinen Austausch, um eine gute Gesprächsatmosphäre zu schaffen. Es folgen die Absprachen zum Datenschutz, zur Einhaltung ethischer Grundsätze und der Hinweis, dass das Interview aufgezeichnet wird. Wird diesem zugestimmt, kann das Interview durchgeführt werden. Das Interview wird mit den angehängten Fragen geführt. Die Reihenfolge ist dabei nicht starr vorgegeben, um den Erzählfluss nicht zu behindern. Um eine Vergleichbarkeit herzustellen, wird angestrebt, dass alle Fragen beantwortet werden.

Das Interview wird in 4 Themenblöcke gegliedert.

• Allgemeine Informationen

• Die Phase bis zur Einschulung

• Die Schulphase

• Die Nachschulphase

In der Befragung sind die Fragen, die die Vorschulphase betreffen, als Ausgangspunkt für die Entscheidung für die Förderschule zu betrachten. Da die Entscheidungsgrundlage möglicherweise einen Einfluss auf das Erleben der Beschulung und die nachfolgende Reflexion hat, wird sie hier mit untersucht. Die zwei Phasen Schul- und Nachschulphase stellen eine gute Reflexionsgrundlage dar.[1]

8. Transkription

Um eine gute Grundlage für die Auswertung vorauszusetzen, wird das aufgezeichnete Interview wörtlich transkribiert, d.h. das Interview wird buchstabengetreu abgeschrieben.

Die Entscheidung der Schulform ist für die Kinder, die es betrifft, von großer Bedeutung und kann je nach Erfahrungen der Eltern sehr emotionale Gefühle hervorrufen. Aus diesem Grund werden bei der Transkription der Interviews in diesem Fall Wörter, die besonders betont werden, unterstrichen und verdeutlichte Lautäußerungen Klammern notiert sowie nonverbale Aktivitäten und Äußerungen mit Doppelklammern gekennzeichnet.

---

[1] Die Fragen befinden sich im Anhang I

9. Auswertungsverfahren

Die Daten, die in den Interviews erhoben werden, müssen im nächsten Schritt ausgewertet werden. In dieser Fallstudie wird die Qualitative Inhaltsanalyse nach Mayring als Auswertungsverfahren gewählt, da es hier möglich ist, das erhobene Textmaterial auf eine sehr strukturierte Art und Weise zu bearbeiten und zu analysieren. (vgl. Mayring 2000)

9.1 Qualitative Inhaltsanalyse

Die Qualitative Inhaltsanalyse will Texte systematisch analysieren, indem sie das Material schrittweise mit theoriegeleitet am Material entwickelten Kategoriensystemen bearbeitet. (Mayring 2016, S. 114)

Bei der Inhaltsanalyse soll (vgl. Mayring 2016) das Material in Einheiten geteilt werden, die Schrittweise bearbeitet werden sollen. Im Mittelpunkt steht dabei ein Kategoriensystem, das durch die Theorie entwickelt wurde.

Hierdurch werden die Aspekte festgelegt, die aus dem Material herausgefiltert werden. Dabei gibt es nach Mayring (2000, S. 32) drei Grundsätze zur Entwicklung einer qualitativen Inhaltsanalyse, welche im Folgenden vorgestellt werden.

1. Am Anfang einer qualitativen Inhaltsanalyse muss eine genaue Quellenkundestehen. Das Material muss auf seine Entstehungsbedingungen hin untersucht werden.
2. Das Material kann nie vorbehaltlos analysiert werden. Der Inhaltsanalytiker muss sein Vorverständnis explizit darlegen. Fragestellungen, theoretische Hintergründe und implizite Vorannahmen müssen ausformuliert werden.
3. Die qualitative Inhaltsanalyse ist immer ein Verstehensprozess von vielschichtigen Sinnstrukturen im Material. Die Analyse darf nicht bei dem manifesten Oberflächeninhalt stehenbleiben, sie muss auch auf latente Sinngehalte abzielen.

Auf die vorliegende Fallstudie bezogen ergibt sich nach den drei Grundsätzen Mayrings in der Auswertungsphase folgendes:

1. Die Interviewpartner sind über die Schulleitungen der zwei Förderzentren für körperliche und motorische Entwicklung Schleswig-Holstein ermittelt worden und der Forschenden vorgestellt worden. Diese Auswahl ist durchaus kritisch zu betrachten, da die Schulleiter unzufriedene Eltern ehemaliger Schüler womöglich weniger bereitwillig kontaktiert haben. Die Durchführung der Interviews erfolgt unter Berücksichtigung ethischer und Datenschutz relevanter Bedingungen.
2. Die Forschende muss sich jederzeit bewusst sein, dass ihre eigene Entscheidung, ihre drei behinderten Pflegekinder nicht inklusiv zu beschulen, keinen Einfluss auf die Untersuchung haben darf und sie sich nicht unbewusst mit den Eltern solidarisieren darf oder den positiven

8

Erfahrungen mehr Raum geben darf. Die Tatsache ist hilfreich bei dem Gütekriterium der Nähe zum Gegenstand zu betrachten, ist jedoch eine nicht zu unterschätzende Gefahr bei der objektiven Bewertung der Aussagen. Auch wenn bei dem Sampling darauf geachtet wird, dass die Forschende die Befragten nicht vorher persönlich kennt, muss sie sicherstellen, dass mögliche Informationen über die Eltern oder deren Kinder, die sie aus ihre ehrenamtlichen Arbeiten der Schule hat, keinen Einfluss auf die Studie haben.

3. Die Kategorisierung der Aussagen der Interviews muss unbedingt berücksichtigen, dass das gesprochene Wort durch Mimik und Ausdrucksweise auch anders zu interpretieren sein kann.

9.2 Strukturierende qualitative Inhaltsanalyse

In dieser Untersuchung wird die strukturierende qualitative Inhaltsanalyse eingesetzt. Dies bedeutet, am Material ausgewählte inhaltliche Aspekte zu identifizieren, zu konzeptualisieren und das Material im Hinblick auf solche Aspekte systematisch zu beschreiben – beispielsweise im Hinblick darauf, was zu bestimmten Themen im Rahmen einer Interviewstudie ausgesagt wird (Schreier, 2014, S. 5)

Gemäß Schreier (2014, S.5) würde das Vorgehen in diesem Forschungsdesign wie folgt aussehen. Hierbei werden fiktive mögliche Aussagen aus den Interviews als Beispiele gewählt.:

- Sich-Vertraut-Machen mit dem Material - Mehrmaliges anhören der Interviews, detaillierte Transkription mit Berücksichtigung der nonverbalen Kommunikation.

- Ableitung von Oberkategorien aus der Fragestellung / dem Interviewleitfaden – Mögliche Oberkategorien wäre die Einteilung in den 4 Phasen, in denen auch der Leitfaden eingeteilt wurde.

- Bestimmen von Fundstellen / Kodier Einheiten - Mögliche Kodier Einheiten wären Schule/ Freizeit/ Gesundheit/ Familie/ Arbeitsstelle/ Wohnen

- Entwicklung von Unterkategorien und Kategoriendefinitionen - gerne/ beliebt/ fröhlich/Ausgrenzung

- Erprobung des Kategoriensystems - Die Kategorien werden an zwei der sechs Interviews erprobt.

- Modifikation des Kategoriensystems - Bei Bedarf werden die Kategorien modifiziert

- Kodieren des gesamten Materials mit dem überarbeiteten Kategoriensystem

- Ergebnisdarstellung, Interpretation, Beantwortung der Forschungsfrage

10. Fazit

In dieser Fallstudie wird die Forschungsfrage „Wie reflektieren Eltern von Kindern mit sonderpäda-gogischem Förderbedarf nach Ende der Schullaufbahn ihre Entscheidung, sich gegen inklusive Be-schulung entschieden zu haben?" untersucht.

Die Ergebnisse dieser Studie sind nur deskriptiv zu betrachten, da die Entscheidung für eine För-derschule, sowie die Erfahrungen, die dort gemacht werden, die Reflexion beeinflussen und von vielen unterschiedlichen Faktoren abhängig ist. Die Art der Behinderung, der Förderschwerpunkt, familiäre Unterstützung, einzelne Lehrer, Wohnort usw. können als einzelner Faktor die Reflexion ins Gegenteil verändern.

Künftige Forschungsfragen zu dem Thema sollten in groß angelegten Studien untersucht werden, um auch zu ermitteln, ob die Wahl der Förderschule zu weniger Inklusion im Alltag führt oder durch die Erfolgserlebnisse in der Schule gar ein positiver Effekt bei außerschulischen Aktivitäten belegbar ist. Optimaler Weise werden künftig die Regelschulen so ausgestattet, dass mögliche Vorteile der Beschulung in Förderzentren auch dort mit genügend qualifiziertem Personal umgesetzt werden können.

Eine mögliche künftige Forschungsfrage könnte sein:

„Wie muss Inklusion gestaltet werden, dass Eltern von Kindern mit sonderpädagogischem Förder-bedarf sich dafür entscheiden?"

Auch die hier gestellte Forschungsfrage, die aus Sicht der betroffenen Schüler beantwortet wird, ist im Sinne der Teilhabe ein wichtiger Ansatz, der künftig berücksichtigt werden muss.

II Literaturverzeichnis

Birks, M./ Mills, J. (2011): Grounded theory: A Practical guide. Los Angeles: Sage.

Ebermann, E. (2018): Grundlagen statistischer Auswertungsverfahren. (URL: https://www.uni-vie.ac.at/ksa/elearning/cp/quantitative/quantitative-full.html [letzter Zugriff: 17.03.2021]).

Gerke, M. (2011): Empirische Sozialforschung für Politikwissenschaftler. (URL: http://www.polit-bits.de/Lernzone/Empirische Sozialforschung.pdf [letzter Zugriff: 17.03.2021]).

Helfferich, C. (2004): Die Qualität qualitativer Daten. Manual für die Durchführung qualitativer Interviews. VS Verlag für Sozialwissenschaften. Wiesbaden.

Henry-Huthmacher, C./Neu, V. (2015): Jedes Kind ist anders HRSG. Konrad-Adenauer-Stiftung e.V., Berlin

Hess,D./Ruland, M./Meyer , M./Steinwede, J. (2019): Schulische Inklusion. Untersuchung zu Einstellungen zu schulischer Inklusion und Wirkungen im Bildungsverlauf. Bonn

Lamnek, S. (2010): Qualitative Sozialforschung. Basel: Beltz Verlag.

Loosen, W. (2016): Das Leitfadeninterview – eine unterschätzte Methode in Springer Fachmedien Wiesbaden Averbeck-Lietz, M. Meyen (Hrsg.), Handbuch nicht standardisierte Methoden in der Kommunikationswissenschaft, Springer NachschlageWissen

Mayring, P. (2016): Einführung in die qualitative Sozialforschung. 6. Auflage, Beltz, Weinheim.

Mayring, P. (2000): Qualitative Inhaltsanalyse. In: Forum Qualitative Sozialforschung, 1. Jg., Heft 2, Art. 20.

Przyborski, A./Wohlrab-Sahr, M. (2014): Qualitative Sozialforschung: Ein Arbeitsbuch, 4 Aufl. Oldenbourg, München, S. 182.

Wocken, H. (2007): Fördert Sonderschule? Eine empirische Rundreise durch Schulen für optimale Förderung. In: Demmer-Dieckmann, I./ Textor, A. (Hrsg.): Integrationsforschung und Bildungspolitik im Dialog. Bad Heilbrunn 2007, S. 35-60

Schreier, M. (2014): Varianten qualitativer Inhaltsanalyse: Ein Wegweiser im Dickicht der Begrifflichkeiten Forum: Qualitative Sozialforschung Social, Volume 15, No. 1, Art. 18 Januar 2014

https://www.bertelsmann-stiftung.de/fileadmin/files/BSt/Publikationen/GrauePublikationen/Studie_IB_Unterwegs-zur-inklusiven-Schule_2018.pdf

https://methodenzentrum.ruhr-uni-bochum.de/e-learning/qualitative-auswertungsmethoden/grounded-theory-methodology-als-kodierender-auswertungsprozess/

https://de-statista-com.pxz.iubh.de:8443/statistik/daten/studie/413153/umfrage/schueler-mit-sonderpaedagogischem-foerderbedarf-in-deutschland-nach-bundeslaendern/

III Anhänge

Anhang I Leitfaden

Allgemeine Informationen

Wie alt ist das Kind, von dem wir heute sprechen?

Welche Art von Beeinträchtigungen hat das Kind?

Hat es einen Pflegegrad und oder SBA?

Wann wurden die Beeinträchtigungen des Kindes erkannt?

Vor Schulphase

Hatte das Kind Frühförderung?

War das Kind in einem Kindergarten, wenn ja um welche Art Kindergarten hat es sich gehandelt?

Wurde im Kindergarten schon auf die unterschiedlichen Arten der Beschulung hingewiesen?

Welche Empfehlung gab es bei der Einschulungsuntersuchung?

Hatten Sie schon vor dem sonderpädagogischen Gutachten eine Schule im Blick, hat sich die Wahl danach verändert?

Wurden Sie im Rahmen der Entscheidung für das Förderzentrum darauf hingewiesen, dass eine integrative Beschulung möglich wäre?

Was war ausschlaggebend für die Entscheidung?

Fühlten sie sich ausreichend informiert, um die Entscheidung zu treffen?

War es eine Kopf- oder Bauchentscheidung?

Schulphase

Kam das Kind auf die Wunschschule?

Hatte das Kind einen Schulbegleiter?

Wie viele Schüler waren in einer Klasse?

Ging das Kind gerne zur Schule?

Hatte es ausserhalb der Schule Freunde aus der Regelschule?

Hatte es ausser schulische Aktivitäten inklusiver Natur (z.B. Sport)?

Was hat Ihnen als Eltern am besten/am wenigsten an der Schule gefallen?

Mit welchem Abschluss hat ihr Kind die Schule beendet?

Haben Sie an ihrer Entscheidung gezweifelt?

Nach Schulphase

Haben Sie das Gefühl, dass Ihr Kind seine Möglichkeiten in der Förderschule ausschöpfen konnte?

Wie war der Abschied von der Schule für Ihr Kind/für Sie?

Was macht ihr Kind jetzt?

Wie sehen Sie die Zukunft für Ihr Kind?

Ist ihr Kind auf dem Arbeitsmarkt? Wenn ja, in welcher Form?

Wohnt Ihr Kind noch Zuhause, wenn nicht dann selbständig oder besondere Wohnform?

Wenn Sie heute die Entscheidung nochmal treffen sollten, würden Sie wieder das Förderzentrum wählen? Warum?

BEI GRIN MACHT SICH IHR WISSEN BEZAHLT

- Wir veröffentlichen Ihre Hausarbeit,
  Bachelor- und Masterarbeit

- Ihr eigenes eBook und Buch -
  weltweit in allen wichtigen Shops

- Verdienen Sie an jedem Verkauf

Jetzt bei www.GRIN.com hochladen und kostenlos publizieren